դպրոց - école 2
ճանապարհորդություն - voyage 5
Փոխադրամիջոցներ - transport 8
քաղաք - ville 10
բնապատկեր - paysage 14
ռեստորան - restaurant 17
սուպերմարկետ - supermarché 20
օրական - boissons 22
սնունդ - alimentation 23
ֆերմա - ferme 27
տուն - maison 31
հյուրասենյակ - salon 33
խոհանոց - cuisine 35
լողասենյակ - salle de bain 38
մանկական սենյակ - chambre d'enfant 42
հագուստ - vêtements 44
գրասենյակ - bureau 49
տնտեսություն - économie 51
մասնագիտություն - professions 53
գործիքներ - outils 56
երաժշտական գործիքներ - instruments de musique 57
կենդանաբանական այգի - zoo 59
սպորտներ - sports 62
գործունեություն - activités 63
ընտանիք - famille 67
մարմին - corps 68
հիվանդանոց - hôpital 72
շտապ օգնություն - urgence 76
երկիր - terre 77
ժամացույց - ...heure(s) 79
շաբաթ - semaine 80
տարի - année 81
ձեւավորում - formes 83
գույներ - couleurs 84
հակադիրներ - oppositions 85
թվեր - nombres 88
լեզուներ - langues 90
Ով է /, թե ինչ է /, ինչպես - qui / quoi / comment 91
որտեղ - où 92

Impressum
Verlag: BABADADA GmbH, Nedderfeld 112 , 22529 Hamburg
Geschäftsführer / Verlagsleitung: Harald Hof
Druck: Books on Demand GmbH, In de Tarpen 42, 22848 Norderstedt

Imprint
Publisher: BABADADA GmbH, Nedderfeld 112 , 22529 Hamburg, Germany
Managing Director / Publishing direction: Harald Hof
Print: Books on Demand GmbH, In de Tarpen 42, 22848 Norderstedt

դպրոց
école

salle de classe
բաժանել
diviser
186/2
գրատախտակ
tableau noir
խաղադաշտ
cour (de récréation)
ուսուցիչ
professeur
թուղթ
papier
գրել
écrire
գրիչ
stylo
գրասեղան
bureau
քանոն
règle
գիրք
livre
աշակերտ
élève

պայուսակ

cartable

գրչատուփ

trousse

մատիտ

crayon

մատիտի սրիչ

taille-crayon

ռետին

gomme

նկարչական ալբոմ

carnet à dessin

նկարչություն

dessin

վրձին

pinceau

ներկերի տուփ

boîte de peinture

մկրատ

ciseaux

սոսինձ

colle

տետր

cahier d'exercices

Տնային աշխատանք

devoirs

12

թիվ

chiffre

2+2

գումարել

additionner

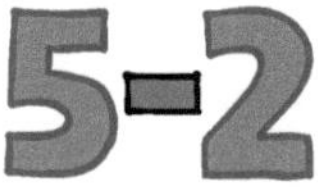

5-2

հանել

soustraire

2×2

բազմապատկել

multiplier

հաշվել

calculer

A

տառ

lettre

ABCDEFG
HIJKLMN
OPQRSTU
VWXYZ

այբուբեն

alphabet

hello

բառ

mot

տեքստ
....
texte

կարդալ
....
lire

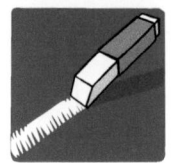

կավիճ
....
craie

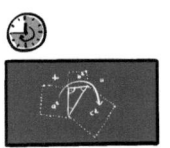

դաս
....
leçon

մատյան
....
livre de classe

քննություն
....
examen

վկայական
....
certificat

դպրոցական համազգեստ
....
uniforme scolaire

կրթություն
....
formation

հանրագիտարան
....
lexique

համալսարան
....
université

մանրադիտակ
....
microscope

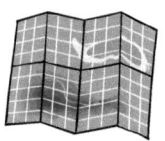

քարտեզ
....
carte

աղբարկղ
....
corbeille à papier

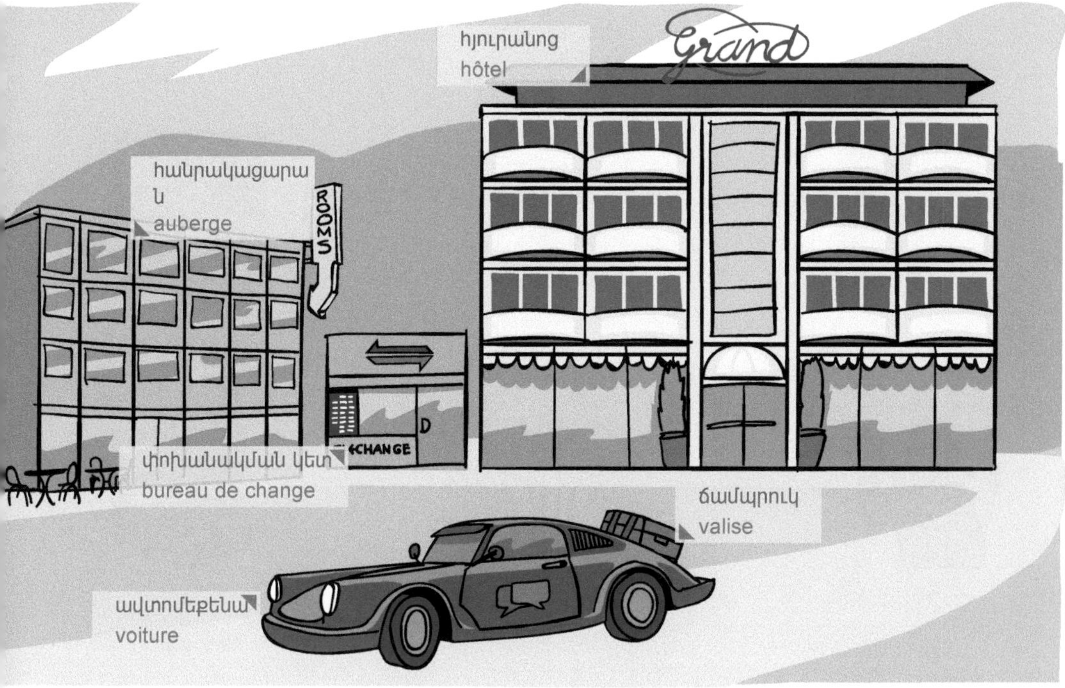

հյուրանոց
hôtel
հանրակացարա
ն
auberge
փոխանակման կետ
bureau de change
CHANGE
ճամպրուկ
valise
ավտոմեքենա
voiture

լեզու

langue

այո / ոչ

oui / non

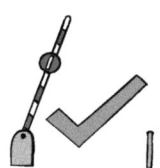

Լավ

d'accord

ողջույն

Salut

թարգմանիչ

interprète

Շնորհակալություն

merci

Որքան է ...?

Combien coûte...?

Ես չեմ հասկանում

Je ne comprends pas

խնդիր

problème

Բարի երեկո

Bonsoir !

Բարի լույս

Bonjour !

Բարի երեկո

Bonne nuit !

ցտեսություն

Au revoir

ուղղություն

direction

ուղեբեռ

bagages

պայուսակ

sac

մեջքի պայուսակ

sac-à-dos

հյուր

hôte

սենյակ

pièce

քնապարկ

sac de couchage

վրան

tente

Զբոսաշրջության
տեղեկատվական
office de tourisme

լողափ
plage

ԿՐԵԴԻՏ քարտ
carte de crédit

նախաճաշ
petit-déjeuner

լանչ
déjeuner

ճաշ
dîner

տոմս
billet

վերելակ
ascenseur

կնիք
timbre

սահման
frontière

մաքսային
douane

դեսպանություն
ambassade

մուտքի արտոնագիր
visa

անձնագիր
passeport

Փոխադրամիջոցներ

transport

ինքնաթիռ
avion
նավ
navire
հրշեջ մեքենա
véhicule de pompiers
ավտոբուս
bus
բեռնատար մեքենա
camion
մոտորանավակ
bateau à moteur
հեծանիվ
bicyclette
ավտոմեքենա
voiture

լաստանավ

ferry

նավակ

barque

մոտոցիկլ

moto

ոստիկանության մեքենա

voiture de police

մրցարշավային մեքենա

voiture de course

վարձակալվող մեքենա

voiture de location

մեքենայի վարձակալում

auto-partage

էվակուատոր

voiture de remorquage

աղբահանության մեքենա

benne à ordures

շարժիչ

moteur

վառելիք

essence

բենզալցակայան

station d'essence

երթևեկության նշան

panneau indicateur

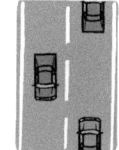

երթևեկություն

trafic

խցանում

embouteillage

ավտոկանգառ

parking

երկաթուղային կայարան

gare

երկաթուղագիծ

rails

գնացք

train

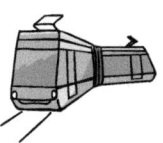

տրամվայ

tramway

վագոն

wagon

ուղղաթիռ

hélicoptère

օդանավակայան

aéroport

աշտարակ

tour

ուղեւոր

passager

աման

conteneur

խավաքարտ

carton

սայլ

chariot

զամբյուղ

corbeille

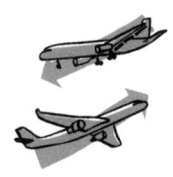

հանեք / հողատարածք

décoller / atterrir

քաղաք

ville

գյուղ

village

քաղաքի կենտրոնում

centre-ville

տուն

maison

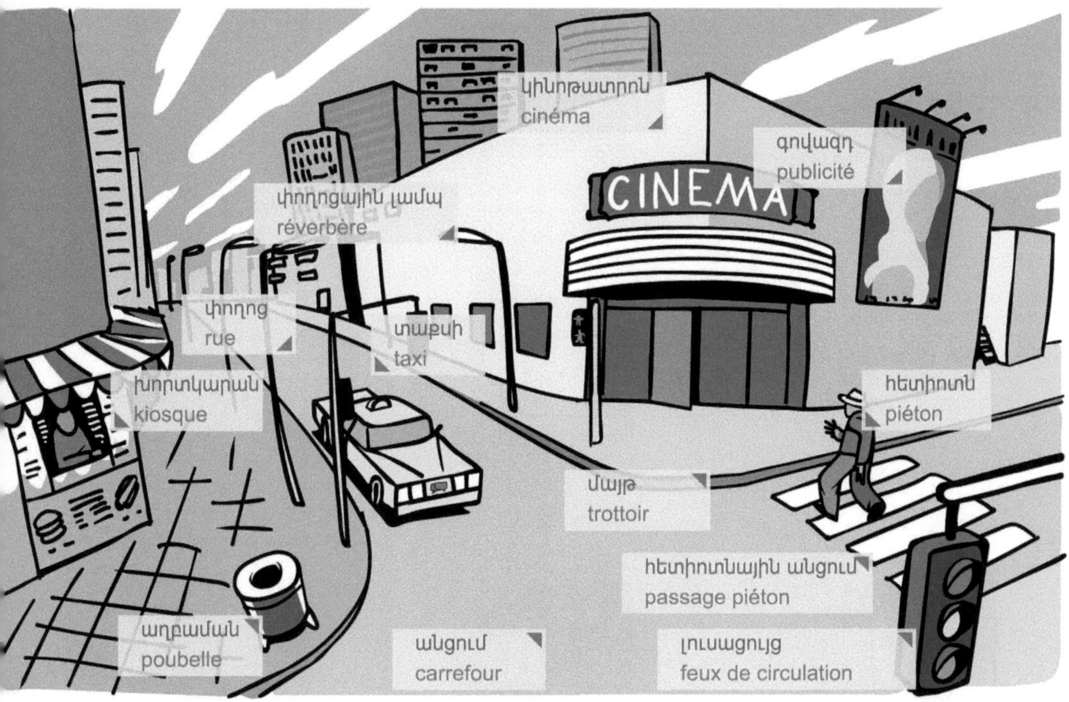

կինոթատրոն
cinéma
գովազդ
publicité
CINEMA
փողոցային լամպ
réverbère
փողոց
rue
տաքսի
taxi
խորտկարան
kiosque
հետիոտն
piéton
մայթ
trottoir
հետիոտնային անցում
passage piéton
աղբաման
poubelle
անցում
carrefour
լուսացույց
feux de circulation

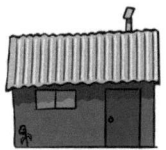

խրճիթ

cabane

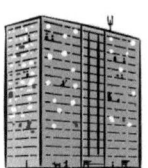

բնակարան

appartement

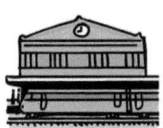

երկաթուղային կայարան

gare

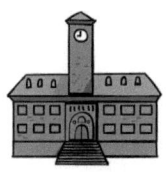

քաղաքապետարան

mairie

MUSEUM

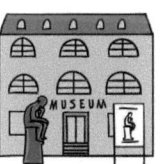

թանգարան

musée

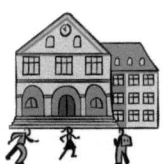

դպրոց

école

համալսարան

université

բանկ

banque

հիվանդանոց

hôpital

հյուրանոց

hôtel

դեղատուն

pharmacie

գրասենյակ

bureau

գրքույկ խանութ

librairie

խանութ

magasin

ծաղկի խանութ

fleuriste

սուպերմարկետ

supermarché

շուկա

marché

հանրախանութ

grand magasin

ձկան խանութ

poissonnerie

առևտրի կենտրոն

centre commercial

նավահանգիստ

port

զբոսայգի

parc

բանկերը

banque

կամուրջ

pont

աստիճաններ

escaliers

մետրո

métro

թունել

tunnel

ավտոբուսի կանգառ

arrêt de bus

բար

bar

ռեստորան

restaurant

փոստարկղ

boîte à lettres

փողոցային նշան

panneau indicateur

ավտոկայանման հաշվիչ

parcmètre

կենդանաբանական այգի

zoo

լողավազան

piscine

մզկիթ

mosquée

ֆերմա
ferme

աղտոտման
pollution

գերեզմանոց
cimetière

եկեղեցի
église

խաղահրապարակ
aire de jeux

տաճար
temple

բնապատկեր
paysage

ֆեղկ
feuille

ուղղության նշան
panneau indicateur

ճանապարհ
chemin

մարգագետին
pré

քար
pierre

ծառ
arbre

արշավականներ
randonneur

գետ
rivière

խոտ
herbe

ծաղիկ
fleur

հովիտ
vallée

բլուր
montagne

լիճ
lac

անտառ
forêt

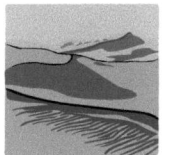

անապատ
désert

հրաբուխ
volcan

ամրոց
château

ծիածան
arc-en-ciel

սունկ
champignon

արմավենու ծառ
palmier

մժեղ
moustique

թռչել
mouche

մրջյուն
fourmis

մեղու
abeille

սարդ
araignée

բզեզ

coléoptère

գորտ

grenouille

սկյուռ

écureuil

ոզնի

hérisson

նապաստակ

lièvre

բու

chouette

թռչուն

oiseau

կարապ

cygne

վարազ

sanglier

եղջերու

cerf

իշայծյամ

élan

պատնեշ

barrage

քամին տուրբինների

éolienne

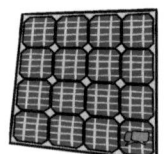

արևային վահանակ

panneau solaire

կլիմա

climat

ռեստորան

restaurant

մատուցող
serveur
մենյու
menu
աթոռ
chaise
ապուր
soupe
պիցցա
pizza
սփռոց
nappe
սպասք
couverts

ստարտեր

hors d'œuvre

հիմնական կերակուր

plat principal

դեսերտ

dessert

օրական

boissons

սնունդ

alimentation

շիշ

bouteille

արագ սնունդ

fast-food

streetfood

plats à emporter

թեյնիկ

théière

շաքարաման

sucrier

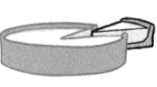

բաժին

portion

էսպրեսսո մեքենա

machine à expresso

մանկական աթոռ

chaise haute

օրինագիծ

facture

սկուտեղ

plateau

դանակ

couteau

պատառաքաղ

fourchette

գդալ

cuillère

թեյի գդալ

cuillère à thé

անձեռոցիկ

serviette

ապակի

verre

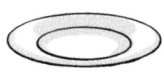

ափսե

assiette

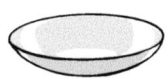

խոր ափսե

assiette à soupe

պնակ

soucoupe

սոուս

sauce

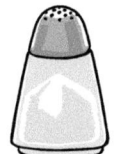

աղաման

salière

պղպեղի աղաց

moulin à poivre

քացախ

vinaigre

ձեթ

huile

համեմունքներ

épices

կետչուպ

ketchup

մանանեխ

moutarde

մայոնեզ

mayonnaise

սուպերմարկետ
supermarché

հատուկ առաջարկ
offre promotionnelle
հաճախորդ
client
Dairy
produits laitiers
միրգ
fruits
գնումների սայլակ
chariot

մսամթերքի խանութ

boucherie

հացամթերքի խանութ

boulangerie

կշռել

peser

բանջարեղեն

légumes

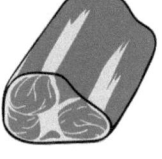

միս

viande

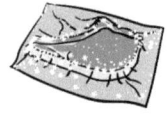

սառեցված սննդամթերքի

aliments surgelés

երշիկեղեն

charcuterie

պահածոների

conserves

լվացքի փոշի

poudre à lessive

քաղցրավենիք

bonbons

տնտեսական ապրանքներ

articles ménagers

մաքրող միջոցներ

détergents

վաճառող

vendeuse

դրամարկղ

caisse

գանձապահ

caissier

գնումների ցուցակ

liste d'achats

ժամերը

heures d'ouverture

դրամապանակ

portefeuille

ԿՐԵԴԻՏ քարտ

carte de crédit

պայուսակ

sac

պլաստիկ տոպրակ

sac en plastique

օրական
boissons

ջուր

eau

հյութ

jus de fruit

կաթ

lait

կոլա

coca

գինի

vin

գարեջուր

bière

սպիրտ

alcool

կակաո

chocolat chaud

թեյ

thé

սուրճ

café

էսպրեսսո

expresso

կապուչինո

cappuccino

բանան

banane

խնձոր

pomme

նարնջի

orange

սեխ

melon

կիտրոն

citron

գազար

carotte

սխտոր

ail

բամբուկ

bambou

սոխ

oignon

սունկ

champignon

ընկուզեղեն

noisettes

արիշտա

pâtes

սպագետտի

spaghetti

բրինձ

riz

աղցան

salade

չիպս

pommes frites

տապակած կարտոֆիլ

pommes de terre rôties

պիցցա

pizza

համբուրգեր

hamburger

սենդվիչ

sandwich

կոտլետ

escalope

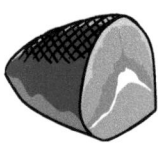

խոզապուխտ

jambon

սալյամի

salami

երշիկ

saucisse

հավ

poulet

խորոված

rôti

ձուկ

poisson

վարսակի փաթիլներ

flocons d'avoine

մյուսլի

muesli

եգիպտացորենի փաթիլներ

cornflakes

ալյուր

farine

կրուասան

croissant

բուլկի

petits-pains

հաց

pain

տոստ

pain grillé

թխվածքաբլիթներ

biscuits

կարագ

beurre

կաթնաշոռ

le fromage blanc

տորթ

gâteau

ձու

œuf

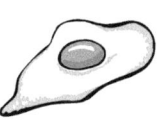

տապակած ձու

œuf au plat

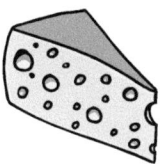

պանիր

fromage

պաղպաղակ

glace

շաքար

sucre

մեղր

miel

ջեմ

confiture

նուգա սերուցք

crème nougat

կարրի

curry

ֆերմա
ferme

ծղոտի դեզ
botte de paille
գոմ
grange
դաշտ
champ
ձի
cheval
կցասայլ
remorque
տրակտոր
tracteur
քուռակ
poulain
ավանակ
âne
ոչխար
mouton
agneau

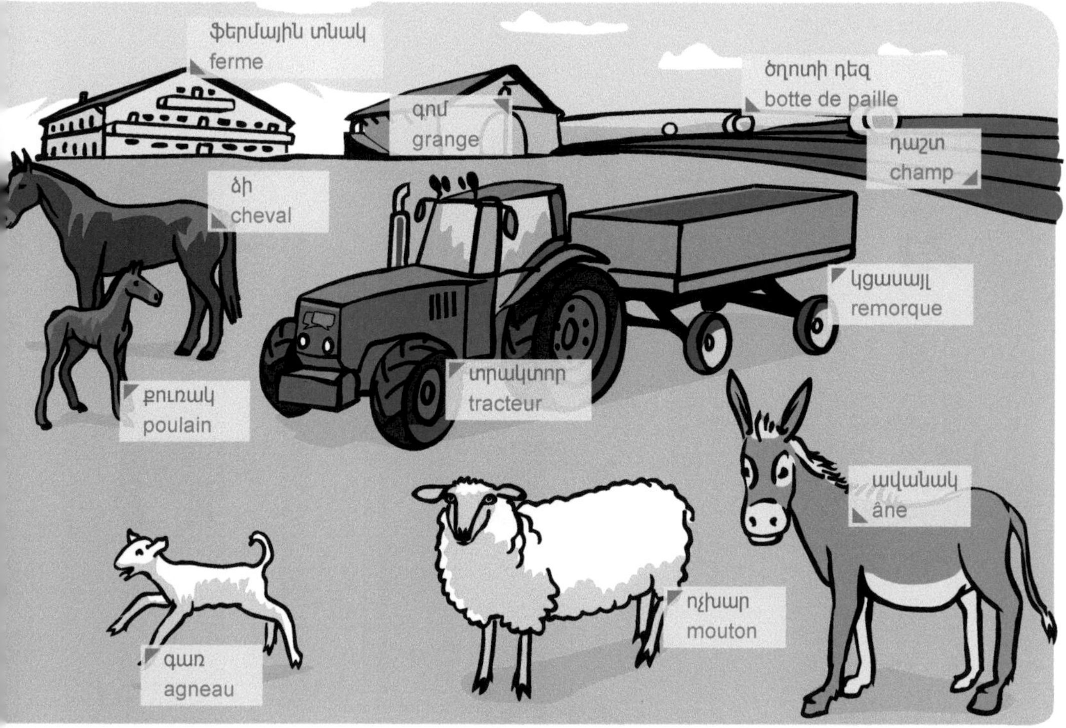

այծ

chèvre

կով

vache

հորթ

veau

խոզ

porc

խոճկոր

porcelet

ցուլ

taureau

սագ
....
oie

բադ
....
canard

ճուտ
....
poussin

հավ
....
poule

աքլոր
....
coq

առնետ
....
rat

կատու
....
chat

մուկ
....
souris

ցուլ
....
bœuf

շուն
....
chien

շան բուն
....
chenil

այգու փողրակ
....
tuyau de jardin

watering կարող է
....
arrosoir

գերանդի
....
faucheuse

գութան
....
charrue

մանգաղ

faucille

թոխր

pioche

եղան

fourche

կացին

hache

միանիվ ձեռնասայլակ

brouette

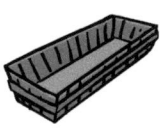

կերակրատաշտ

cuve

կաթի բիդոն

pot à lait

պարկ

sac

ցանկապատ

clôture

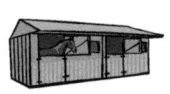

կայուն

étable

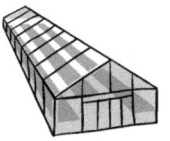

ջերմոց

serre

հող

sol

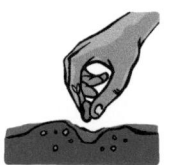

սերմ

semences

պարարտանյութ

engrais

բերքահավաք կոմբայն

moissonneuse-batteuse

բերք

récolter

բերք

récolte

յամս

igname

ցորեն

blé

սոյա

soja

կարտոֆիլ

pomme de terre

եգիպտացորեն

maïs

rapeseed

colza

մրգային ծառ

arbre fruitier

manioc

manioc

շիլաներ

céréales

տուն

maison

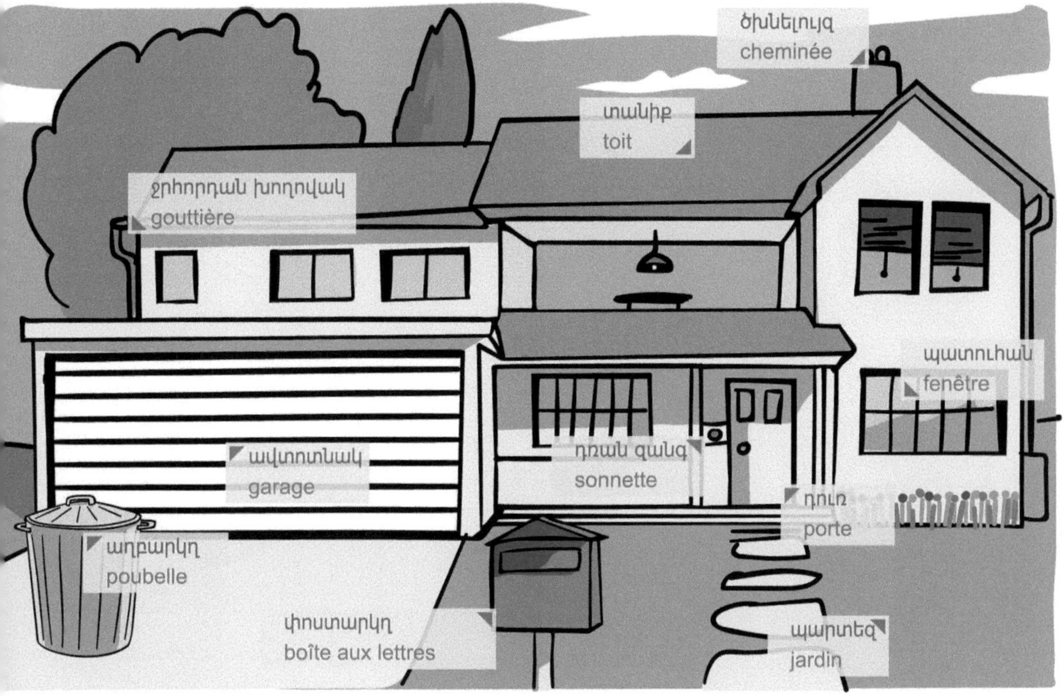

ծխնելույզ
cheminée
տանիք
toit
ջրհորդան խողովակ
gouttière
պատուհան
fenêtre
ավտոտնակ
garage
դռան զանգ
sonnette
դուռ
porte
աղբարկղ
poubelle
փոստարկղ
boîte aux lettres
պարտեզ
jardin

հյուրասենյակ

salon

լողասենյակ

salle de bain

խոհանոց

cuisine

ննջարան

chambre à coucher

մանկական սենյակ

chambre d'enfant

ճաշասենյակ

salle à manger

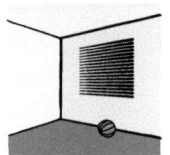

հարկ
sol

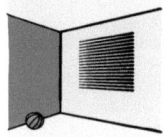

պատ
mur

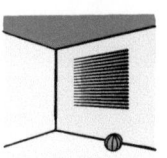

առաստաղ
plafond

նկուղ
cave

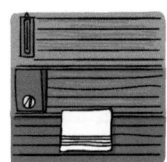

շոգեբաղնիք
sauna

պատշգամբ
balcon

պատշգամբ
terrasse

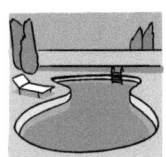

ավազան
piscine

խոտհնձիչ
tondeuse à gazon

թերթ
housse

անկողնու ծածկոց
couette

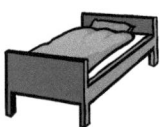

մահճակալ
lit

ավել
balai

դույլ
sceau

անջատիչ
interrupteur

հյուրասենյակ
salon

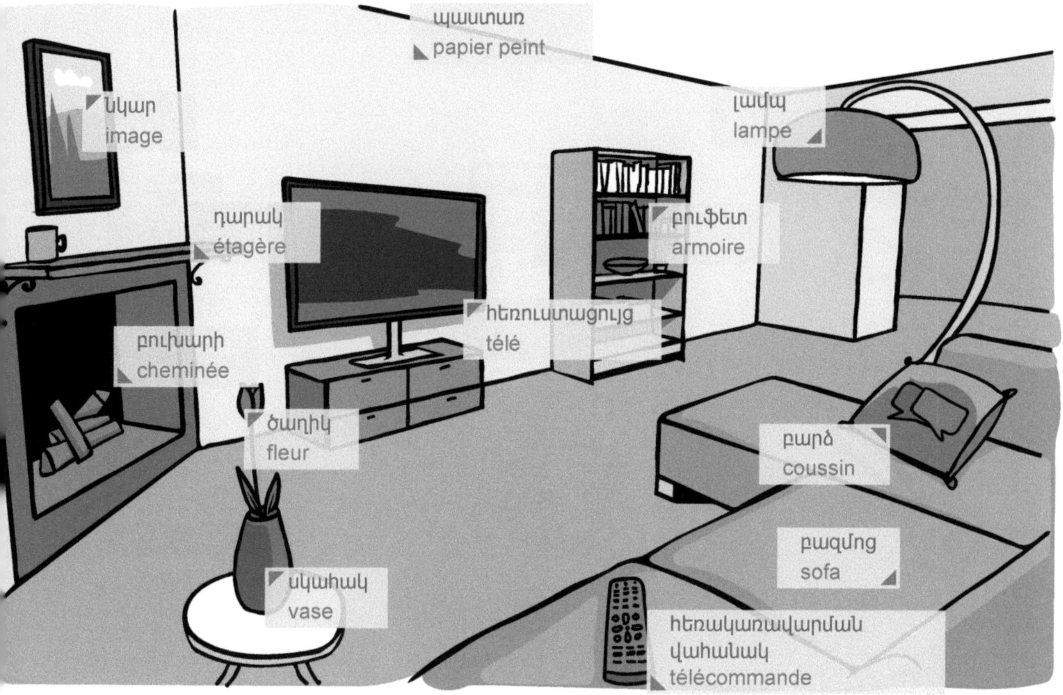

պաստառ
papier peint
նկար
image
լամպ
lampe
դարակ
étagère
բուֆետ
armoire
հեռուստացույց
télé
բուխարի
cheminée
ծաղիկ
fleur
բարձ
coussin
բազմոց
sofa
սկահակ
vase
հեռակառավարման
վահանակ
télécommande

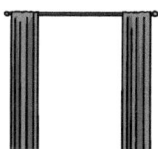

գորգ

tapis

վարագույր

rideau

սեղան

table

աթոռ

chaise

ճոճվող բազկաթոռ

chaise à bascule

բազկաթոռ

fauteuil

գիրք
livre

վերմակ
couverture

զարդարանք
décoration

վառելափայտ
bois de chauffage

ֆիլմ
film

hi-fi
chaîne hi-fi

բանալի
clé

թերթ
journal

նկար
peinture

պլակատ
poster

ռադիո
radio

տետր
bloc-notes

փոշեկուլ
aspirateur

կակտուս
cactus

մոմ
bougie

խոհանոց
cuisine

սառնարանի
réfrigérateur
միկրոալիքային վառարան
four à micro-ondes
խոհանոցի կշեռք
balance de cuisine
տոստեր
grille-pain
լվացող հեղուկ
détergent
վառարան
four
սառնարան
compartiment congélateur
աղբարկղ
poubelle
աման լվացող սարք
lave-vaisselle

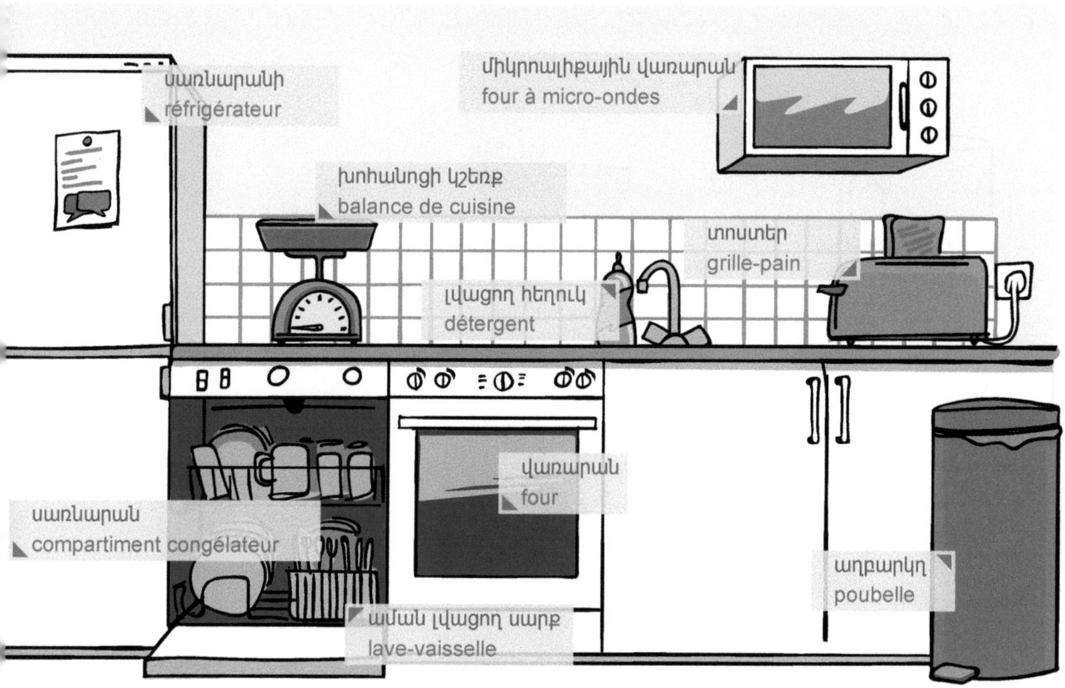

կաթսա

four

կճուճ

casserole

թուջե աման

marmite

wok / kadai

wok / kadai

թավա

poêle

թեյնիկ

bouilloire electrique

շոգենավ
cuiseur vapeur

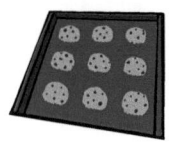

ջեռոցի սկուտեղ
plaque de cuisson

ամանեղեն
vaisselle

բաժակ
gobelet

խորը աման
coupe

փայտիկներ
baguettes

շերեփ
louche

խոհանոցային բահիկ
spatule

հարել
fouet

քամիչ
passoire

մաղ
tamis

քերիչ
râpe

հավանգ
mortier

խորոված
barbecue

բաց կրակի
cheminée

տախտակ

planche à découper

գրտնակ

rouleau à pâtisserie

խցանահան

tire-bouchon

բանկա

boîte

բացիչ

ouvre-boîte

խոհանոցային բռնիչ

maniques

լվացարան

lavabo

խոզանակ

brosse

սպունգ

éponge

բլենդեր

mixeur

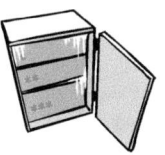

սառնարան

congélateur

մանկական շիշ

biberon

թակել

robinet

լողասենյակ

salle de bain

ջեռուցում
chauffage
սրբիչ
serviette
ցնցուղ
douche
լոգարանի վարագույր
rideau de douche
փրփուրով վաննա
bain moussant
լոգարան
baignoire
ապակի
verre
լվացքի մեքենա
machine à laver
թակել
robinet
սալիկներ
carrelage
մանր
pot
լվացարան
lavabo

զուգարան

toilettes

կզելը զուգարան

toilette à la turque

բիդե

bidet

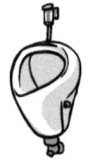

pissoir

urinoir

զուգարանի թուղթ

papier toilette

զուգարանի խոզանակ

brosse à toilette

ատամի խոզանակ

brosse à dents

ատամի քսուք

dentifrice

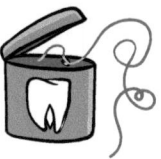

ատամի թել

fil dentaire

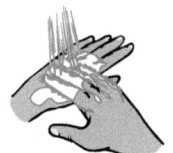

լվանալ

laver

ձեռքի ցնցուղ

douche manuelle

ցնցուղ

douche intime

ավազան

vasque

մեջքի խոզանակ

brosse dorsale

օճառ

savon

լոգանքի գել

gel douche

շամպուն

shampooing

ճիլոպ

gant de toilette

հատականցք

écoulement

կրեմ

crème

դեզոդորանտ

déodorant

հայելի

miroir

ձեռքի հայելի

miroir cosmétique

սափրիչ

rasoir

Սափրվելու փրփուր

mousse à raser

սափրվելուց հետո քսվող լոսյոն

après-rasage

սանր

peigne

խոզանակ

brosse

մազերի չորացուցիչ

sèche-cheveux

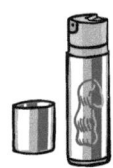

մազի լաք

laque pour cheveux

դիմահարդարում

fond de teint

շրթնաներկ

rouge à lèvres

եղունգների լաք

vernis à ongles

բամբակ

ouate

եղունգների մկրատ

coupe-ongles

օծանելիք

parfum

դիմահարդարման պայուսակ
trousse de toilette

աթոռակ
tabouret

կշեռք
pèse-personne

լողանալու խալաթ
peignoir

ռետինե ձեռնոցներ
gants de nettoyage

տամպոն
tampon

սանիտարական սրբիչ
serviettes hygiéniques

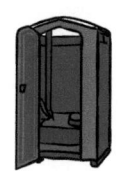

քիմիական զուգարան
toilette chimique

մանկական սենյակ

chambre d'enfant

զարթուցիչ ժամացույց
réveil
փափուկ խաղալիք
doudou
խաղալիք մեքենա
voiture jouet
բլբլալ
hochet
տիկնիկների տնակ
maison de poupée
ներկա
cadeau

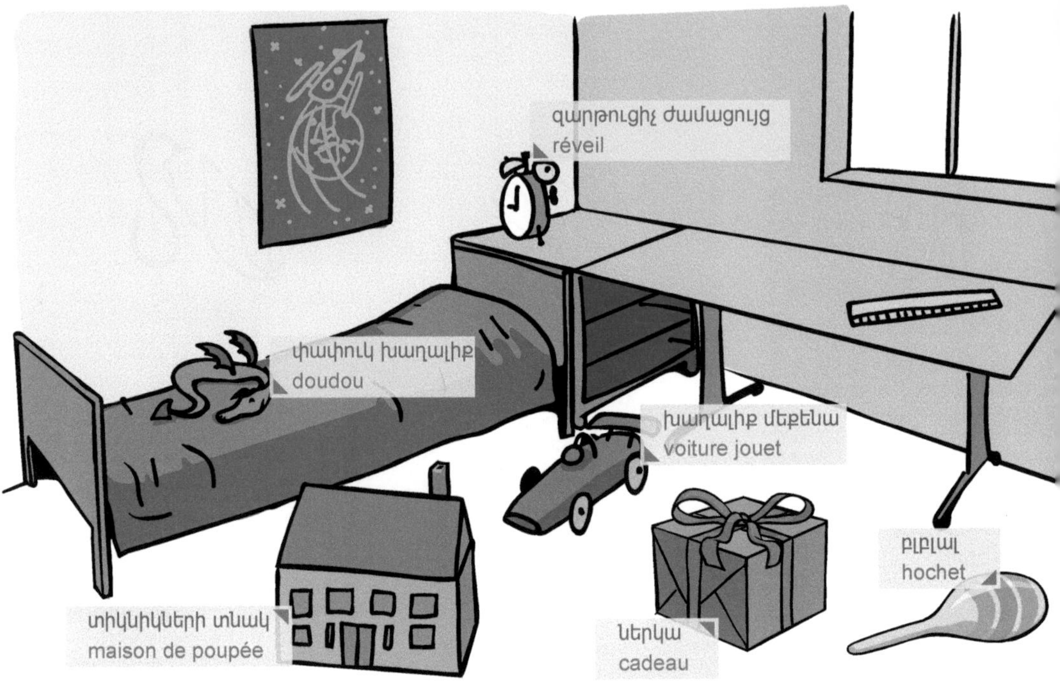

փուչիկ

ballon

մահճակալ

lit

մանկական սայլակ

poussette

խաղաթղթեր

jeu de cartes

խճապատկեր

puzzle

կոմիքս

bande dessinée

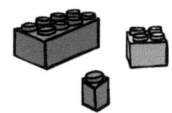

Լեգո կուբիկներ

pièces lego

կառուցողական
խաղալիքներ
blocs de construction

ակցիան գործիչ

figurine

մանկական բոդի

grenouillère

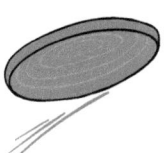

Frisbee

frisbee

շարժական

mobile

խաղատախտակ

jeu de société

զառախաղ

dé

գնացքների կազմ

train miniature

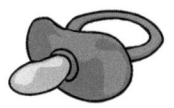

ծծակ

sucette

կուսակցություն

fête

մանկական
պատկերազարդ գիրք
livre d'images

գնդակ

balle

տիկնիկ

poupée

խաղալ

jouer

ավազե խաղահրապարակի

bac à sable

ռիթմ

balançoire

Խաղալիքներ

jouets

վիդեո խաղ մխիթարել

console de jeu

եռանիվ հեծանիվ

tricycle

խաղալիք արջուկ

ours en peluche

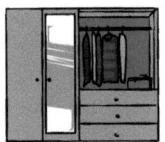

պահարան

armoire

հագուստ
vêtements

կիսագուլպա

chaussettes

գուլպա

bas

զուգագուլպա

collant

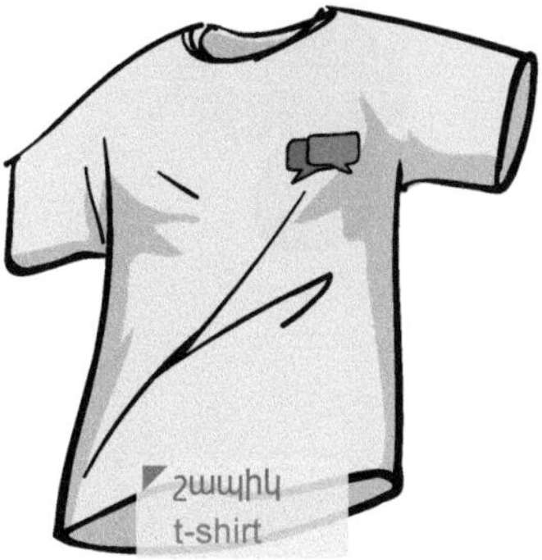

շարֆ
écharpe

գոտի
ceinture

հովանոց
parapluie

շապիկ
t-shirt

սպորտային կոշիկներ
baskets

կոշիկ
bottes

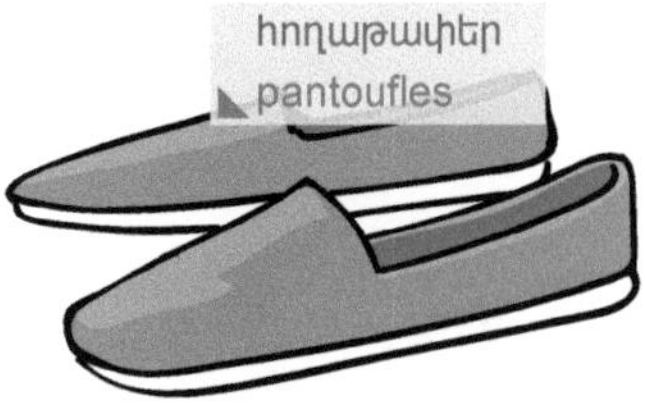

հողաթափեր
pantoufles

սանդալներ
sandales

կոշիկ
chaussures

ռետինե կոշիկներ
bottes de caoutchouc

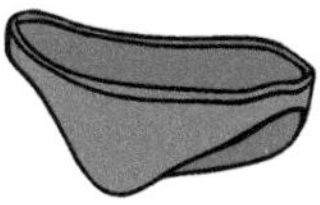

վարտիք
sous-vêtements

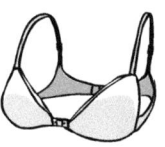
կրծկալ
soutien-gorge

մայկա
maillot de corps

մարմին

body

անդրավարտիք

pantalon

ջինս

jean

կիսաշրջազգեստ

jupe

բլուզ

chemisier

վերնաշապիկ

chemise

պուլովեր

pull

սպորտային կուրտկա

sweat à capuche

պիջակ

veste

կուրտկա

veste

վերարկու

manteau

անձրևանոց

imperméable

կանացի կոստյում

costume

զգեստ

robe

հարսանյաց զգեստ

robe de mariée

տղամարդու կոստյում

costume

գիշերանոց

chemise de nuit

պիժամա

pyjama

Սարի

sari

գլխաշորն

foulard

չալմա

turban

չադրա

burqa

արևելյան խալաթ

caftan

հաստ վերարկու

abaya

կանացի լողազգեստ

maillot de bain

տղամարդու լողազգեստ

maillot de bain

շորտ

short

սպորտային համազգեստ

tenue d'entraînement

գոգնոց

tablier

ձեռնոցներ

gants

կոճակ

bouton

ակնոց

lunettes

ապարանջան

bracelet

վզնոց

collier

մատանի

bague

ականջօղ

boucle d'oreille

գլխարկ

bonnet

կախիչ

cintre

գլխարկ

chapeau

փողկապ

cravate

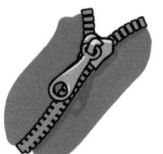

շղթա

fermeture éclair

սաղավարտ

casque

տաբատակալ

bretelles

դպրոցական համազգեստ

uniforme scolaire

համազգեստ

uniforme

մանկական գոգնոց

bavoir

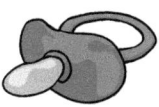

ծծակ

sucette

մանկական տակդիր

lange

գրասենյակ
bureau

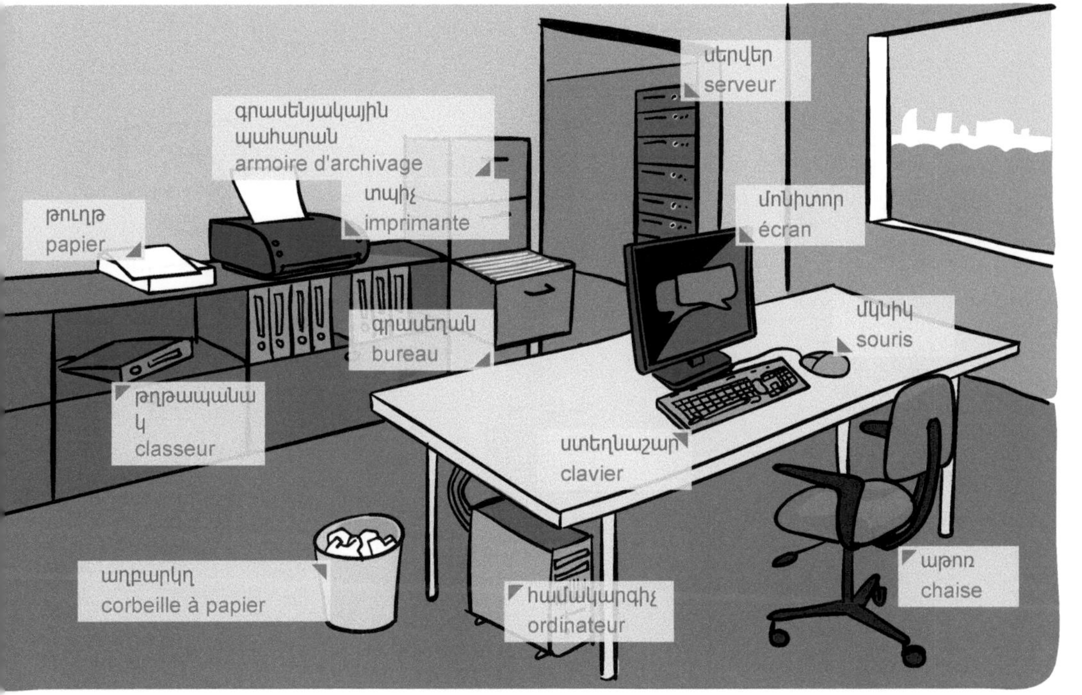

սերվեր
serveur

գրասենյակային
պահարան
armoire d'archivage

տպիչ
imprimante

մոնիտոր
écran

թուղթ
papier

գրասեղան
bureau

մկնիկ
souris

թղթապանակ
classeur

ստեղնաշար
clavier

աղբարկղ
corbeille à papier

համակարգիչ
ordinateur

աթոռ
chaise

սուրճի գավաթ

tasse de café

հաշվիչ

calculatrice

ինտերնետ

internet

laptop

ordinateur portable

նամակ

lettre

հաղորդագրություն

message

բջջային հեռախոս

portable

ցանց

réseau

պատճենահանման սարք

photocopieuse

ծրագրային ապահովում

logiciel

հեռախոս

téléphone

վարդակ

prise

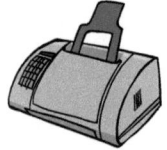

ֆաքսի մեքենա

fax

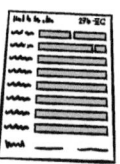

տեսակ

formulaire

փաստաթուղթ

document

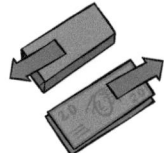

գնել
....
acheter

վճարել
....
payer

առեւտրի
....
faire du commerce

փող
....
monnaie

դոլար
....
dollar

եվրո
....
euro

իեն
....
yen

ռուբլի
....
rouble

շվեյցարական ֆրանկ
....
franc suisse

յուան
....
renminbi yuan

ռուպի
....
roupie

բանկոմատ
....
distributeur automatique

փոխանակման կետ

bureau de change

ոսկի

or

արծաթ

argent

նավթ

pétrole

էներգիա

énergie

գին

prix

պայմանագիր

contrat

հարկ

taxe

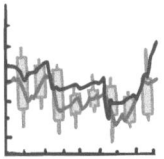

ակցիաներ

action

աշխատանք

travailler

ծառայող

employé

գործատու

employeur

գործարան

usine

խանութ

magasin

մասնագիտություն

professions

ոստիկան
agent de police
հրշեջ
pompier
խոհարար
cuisinier
բժիշկ
médecin
օդաչու
pilote

այգեպան

jardinier

ատաղձագործ

menuisier

դերձակուհի

couturière

դատավոր

juge

քիմիկոս

chimiste

դերասան

acteur

ավտոբուսի վարորդ

conducteur de bus

տաքսու վարորդ

chauffeur de taxi

ձկնորս

pêcheur

հավաքարար

femme de ménage

տանիքագործ

couvreur

մատուցող

serveur

որսորդ

chasseur

նկարիչ

peintre

հացթուխ

boulanger

էլեկտրատեխնիկ

électricien

շինարար

ouvrier

ինժեներ

ingénieur

մսագործ

boucher

ջրմուղագործ

plombier

փոստատար

facteur

զինվոր

soldat

ճարտարապետ

architecte

գանձապահ

caissier

ծաղկավաճառ

fleuriste

վարսավիր

coiffeur

տոմսավաճառ

contrôleur

մեխանիկ

mécanicien

կապիտան

capitaine

ատամնաբույժ

dentiste

գիտնական

scientifique

ռաբբի

rabbin

Իմամ

imam

կուսակրոն

moine

հոգևորական

prêtre

գործիքներ
outils

մուրճ
marteau
տափակաբերան
աքցան
pinces
պտուտակահա
ն
tournevis
դարձակ
clé
լապտեր
torche

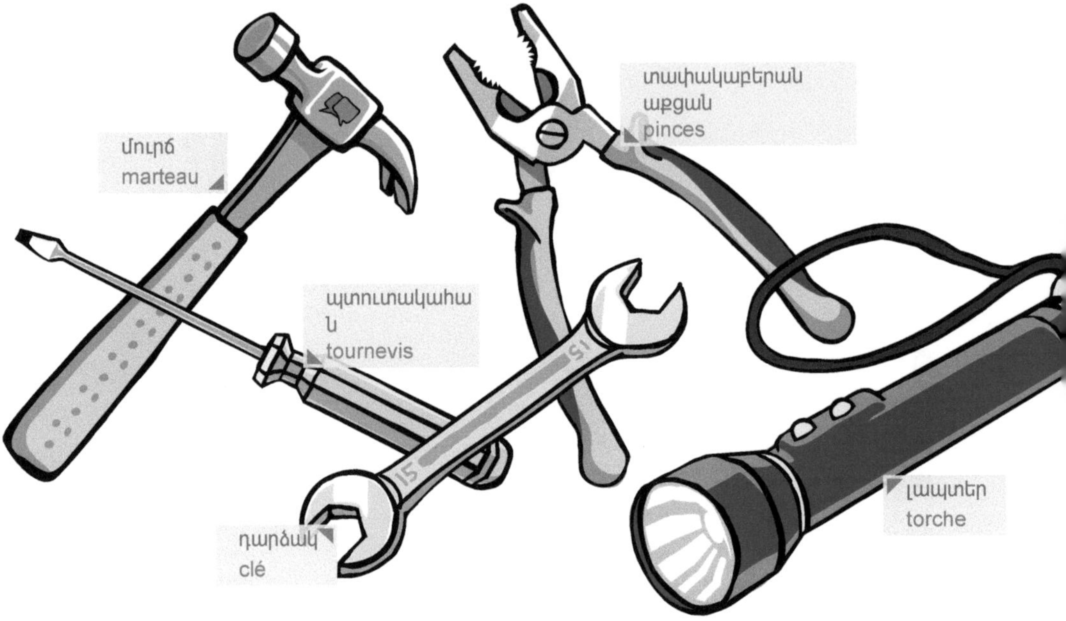

էքսկավատոր

pelleteuse

գործիքների տուփ

boîte à outils

սանդուղք

échelle

սղոց

scie

մեխեր

clous

գայլիկոն

perceuse

նորոգում
....
réparer

բահ
....
pelle

գրողը տանի
....
Mince !

գոգաթիակ
....
pelle

ներկաման
....
pot de peinture

պտուտակներ
....
vis

երաժշտական գործիքներ
instruments de musique

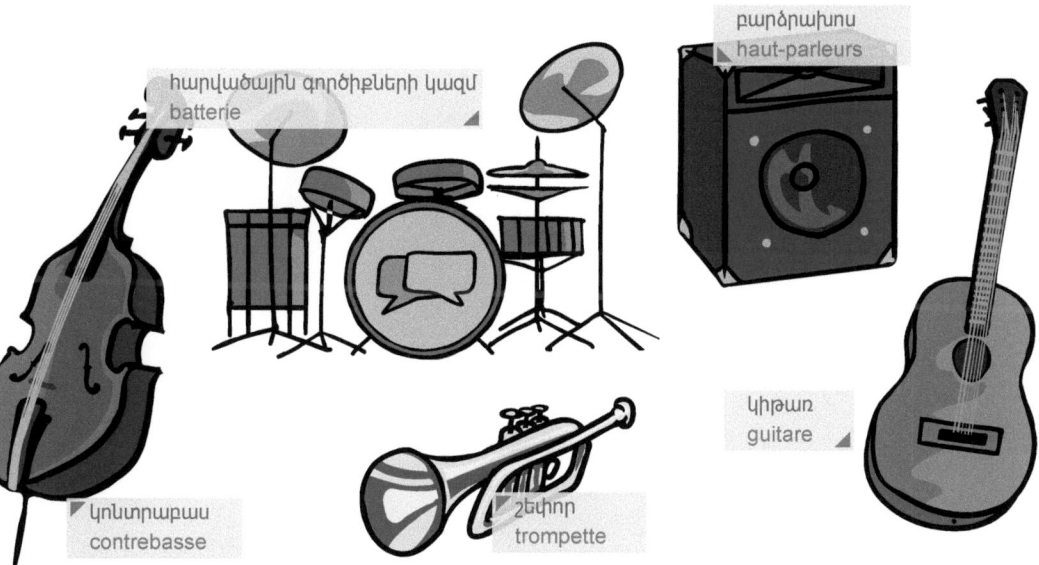

հարվածային գործիքների կազմ
batterie

բարձրախոս
haut-parleurs

կիթառ
guitare

կոնտրաբաս
contrebasse

շեփոր
trompette

դաշնամուր

piano

ջութակ

violon

բաս

basse

թմբուկներ

timbales

հարվածային գործիքներ

tambour

ստեղնաշար

piano électrique

սաքսոֆոն

saxophone

ֆլեյտա

flûte

միկրոֆոն

microphone

կենդանաբանական այգի

ZOO

մուտք
entrée
վագր
tigre
վանդակ
cage
զեբր
zèbre
կենդանիների կերակուր
alimentation animale
պանդա
panda

կենդանիներ

animaux

փիղ

éléphant

կենգուրու

kangourou

ռնգեղջյուր

rhinocéros

գորիլա

gorille

գորշ արջ

ours

ուղտ

chameau

ջայլամ

autruche

առյուծ

lion

կապիկ

singe

Ֆլամինգո

flamand rose

թութակ

perroquet

բևեռային արջ

ours polaire

պինգվին

pingouin

շնաձուկ

requin

սիրամարգ

paon

օձ

serpent

կոկորդիլոս

crocodile

կենդանաբանական այգու
աշխատող

gardien de zoo

փոկ

phoque

յագուար

jaguar

պոնի
poney

ընձառյուծ
léopard

գետաձի
hippopotame

ընձուղտ
girafe

արծիվ
aigle

վարազ
sanglier

ձուկ
poisson

կրիա
tortue

ծովացուլ
morse

աղվես
renard

վիթ
gazelle

սպորտներ
sports

ամերիկյան ֆուտբոլ
american Football
հեծանվավազք
cyclisme
թենիս
tennis
բասկետբոլ
basket-ball
լող
natation
բռնցքամարտ
boxe
հոկեյ
hockey sur glace

ֆուտբոլ

football

բադմինտոն

badminton

աթլետիկա

athlétisme

ձեռքի գնդակ

handball

դահուկային սպորտ

ski

պոլո

polo

ծիծաղել
rire

ցատկել
sauter

գրկել
embrasser

քայլել
marcher

երգել
chanter

երազել
rêver

աղոթել
prier

համբուրել
faire la bise

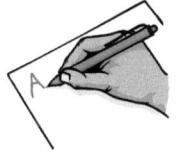

գրել

écrire

նկարել

dessiner

ցույց տալ

montrer

հրել

pousser

տալ

donner

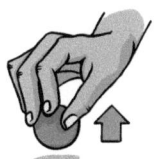

վերցնել

prendre

ունենալ

avoir

դեպի

faire

լինել

être

կանգնել

être debout

վազել

courir

քաշել

trier

նետել

jeter

ընկնել

tomber

ստել

être couché

սպասել

attendre

կրել

porter

նստել

être assis

հագնվել

s'habiller

քնել

dormir

արթնանալ

se réveiller

նայել

regarder

լացել

pleurer

շոյել

caresser

սանրվել

peigner

խոսել

parler

հասկանալ

comprendre

հարցնել

demander

լսել

écouter

խմել

boire

ուտել

manger

հարդարվել

ranger

սիրել

aimer

խոհարար

cuire

քշել

conduire

թռչել

voler

լողալ

faire de la voile

հաշվել

calculer

կարդալ

lire

սովորել

apprendre

աշխատանք

travailler

ամուսնանալ

se marier

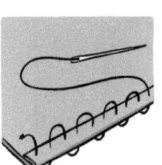

կարել

coudre

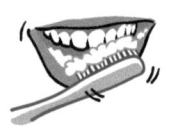

ատամները լվանալ

brosser les dents

սպանել

tuer

ծուխ

fumer

ուղարկել

envoyer

տատիկ
grand-mère

պապիկ
grand-père

հայր
père

մայր
mère

երեխա
bébé

դուստր
fille

որդի
fils

հյուր

hôte

հորաքույր

tante

հորեղբայր

oncle

եղբայր

frère

քույր

sœur

մարմին

corps

ճակատ
front
աչք
œil
ուս
épaule
մատ
doigt
դեմք
visage
կզակ
menton
ձեռք
main
ոտք
jambe
կուրծք
poitrine
թև
bras

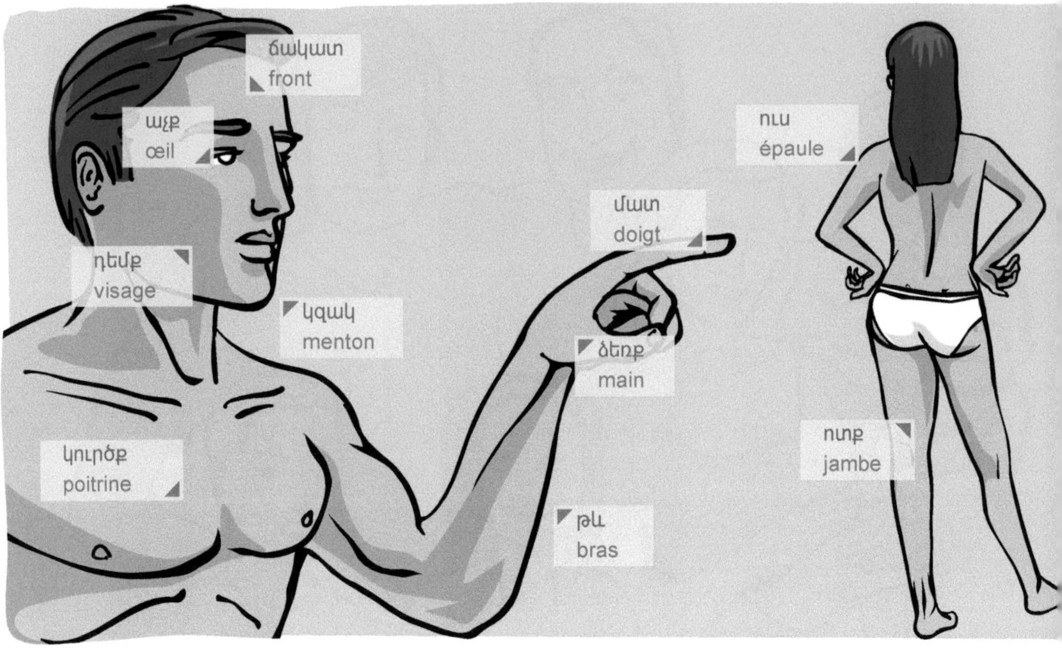

երեխա
bébé

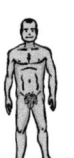

մարդ
homme

կին
femme

աղջիկ
fille

տղա
garçon

գլուխ
tête

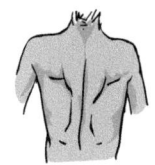

մեջք

dos

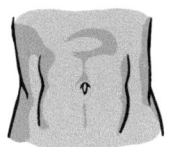

փոր

ventre

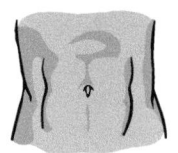

պորտ

nombril

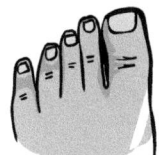

ոտնամատ

orteil

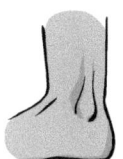

կրունկ

talon

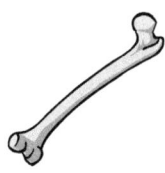

ոսկոր

os

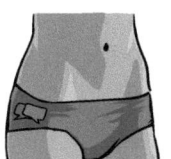

ազդր

hanche

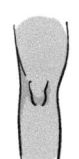

ծունկ

genou

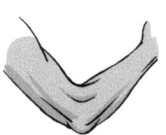

արմունկ

coude

քիթ

nez

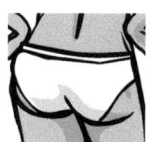

հետույք

fesses

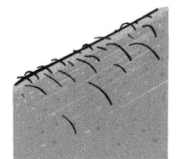

մաշկ

peau

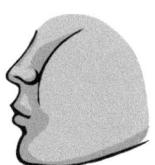

այտ

joue

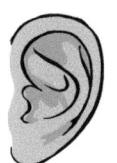

ականջ

oreille

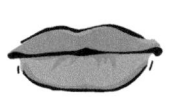

շրթունք

lèvre

բերան

bouche

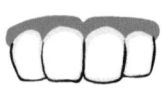

ատամ

dent

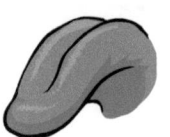

լեզու

langue

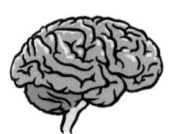

ուղեղ

cerveau

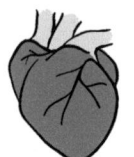

սիրտ

cœur

մկան

muscle

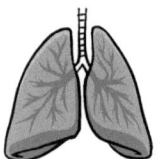

թոք

poumons

լյարդ

foie

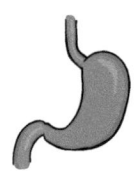

ստամոքս

estomac

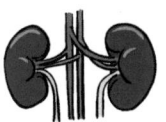

երիկամներ

reins

սեքս

rapport sexuel

պահպանակներ

préservatif

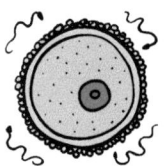

ձվաբջիջը

ovule

Սեմյոն

sperme

հղիություն

grossesse

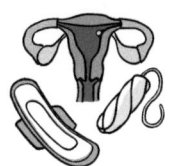

դաշտան

menstruation

հեշտոց

vagin

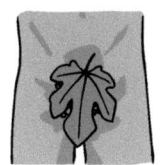

առնանդամ

pénis

հոնք

sourcil

մազ

cheveux

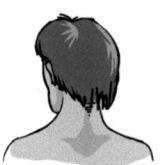

պարանոց

cou

հիվանդանոց
hôpital

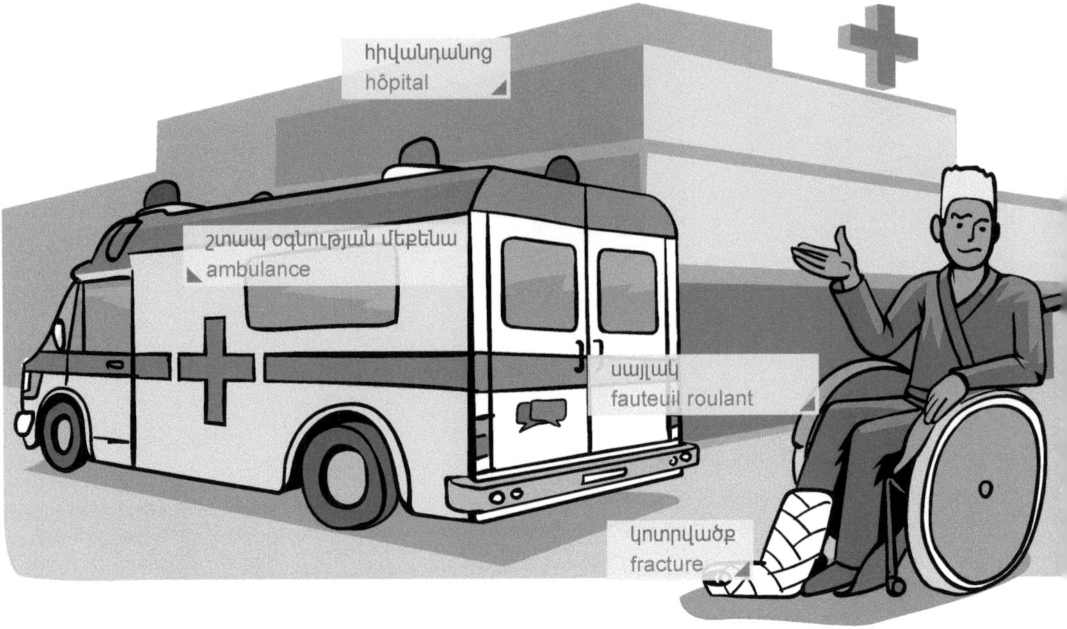

հիվանդանոց
hôpital
շտապ օգնության մեքենա
ambulance
սայլակ
fauteuil roulant
կոտրվածք
fracture

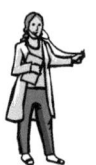

բժիշկ

médecin

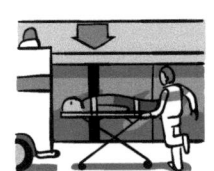

շտապ օգնության սենյակ

service des urgences

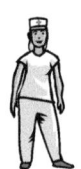

բուժքույր

infirmière

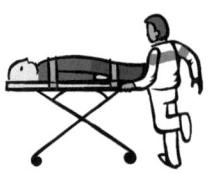

շտապ օգնություն

urgence

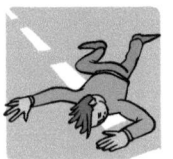

անգիտակից

inconscient

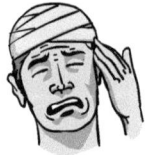

ցավ

douleur

վնասվածք
blessure

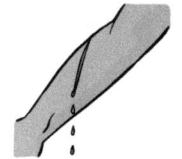

արյունահոսություն
hémorragie

սրտի կաթված
crise cardiaque

կաթված
attaque cérébrale

ալերգիա
allergie

հազ
toux

տենդ
fièvre

գրիպ
grippe

փորլուծություն
diarrhée

գլխացավ
mal de tête

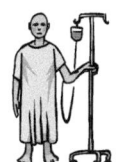

քաղցկեղ
cancer

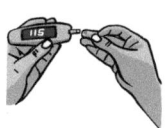

դիաբետ
diabète

վիրաբույժ
chirurgien

վիրադանակ
scalpel

վիրահատություն
opération

CT

CT

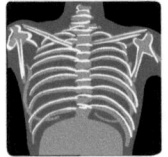

ռենտգեն

radiographie

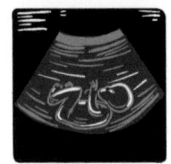

ուլտրաձայնային

échographie

դեմքի դիմակ

masque

հիվանդություն

maladie

սպասասրահ

salle d'attente

հենակ

béquille

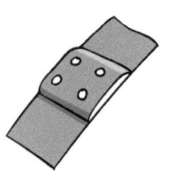

սպեղանի

pansement

վիրակապ

pansement

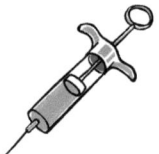

ներարկում

injection

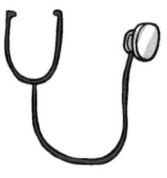

լսափողակ

stéthoscope

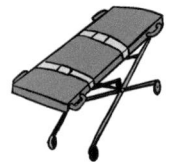

պատգարակ

brancard

ջերմաչափ

thermomètre

ծնունդ

accouchement

ավելաքաշ

surcharge pondérale

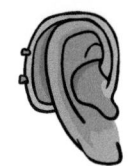

լսելով օգնության

appareil auditif

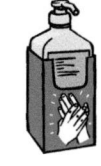

ախտահանիչ

désinfectant

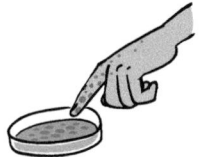

վարակ

infection

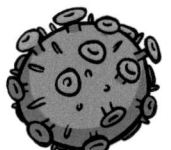

վիրուս

virus

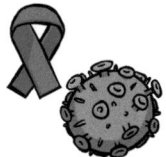

ՄԻԱՎ / ՁԻԱՀ

VIH / sida

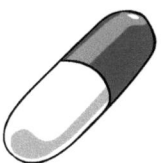

դեղորայք

médicament

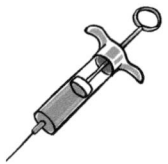

պատվաստում

vaccination

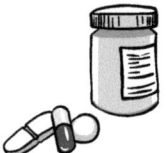

հաբեր

comprimés

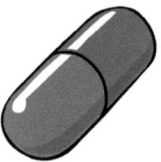

հաբ

pilule

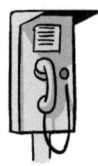

ահազանգ

appel d'urgence

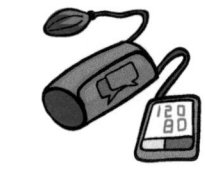

արյան ճնշման չափիչ սարք

tensiomètre

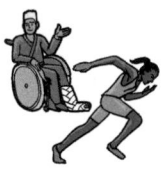

հիվանդ / առողջ

malade / sain

շտապ օգնություն

urgence

Օգնություն!

Au secours !

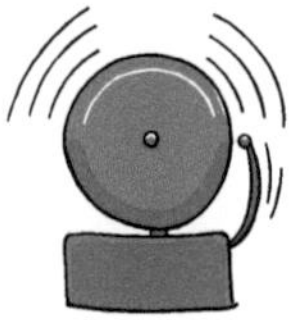

տագնապի ազդանշան

alarme

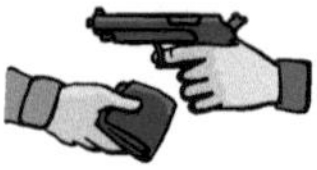

հարձակում

assaut

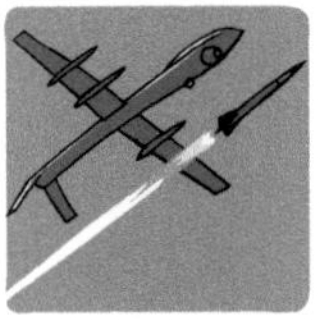

հարձակում

attaque

վտանգ

danger

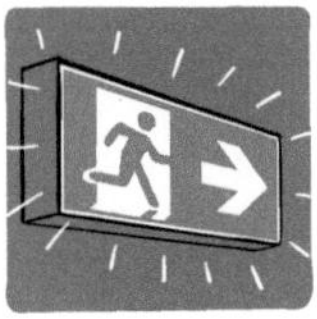

վթարային ելք

sortie de secours

Հրդեհ

Au feu!

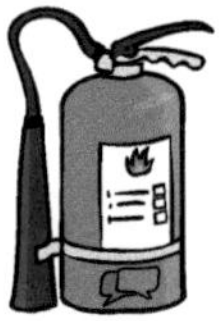

կրակմարիչ

extincteur

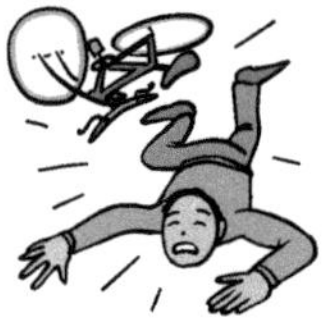

վթար

accident

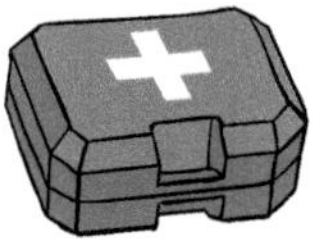

առաջին օգնության դեղարկղ

trousse de premier secours

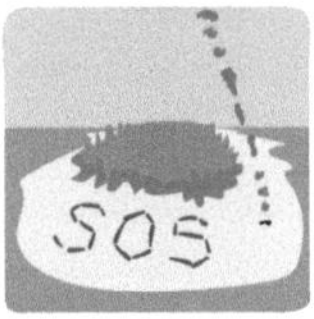

SOS

SOS

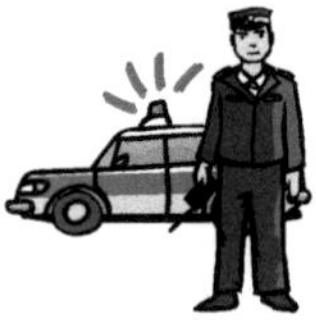

ոստիկանություն

police

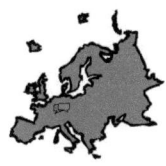

Եվրոպա

Europe

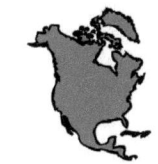

Հյուսիսային Ամերիկա

Amérique du Nord

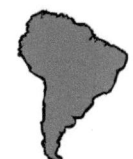

Հարավային Ամերիկա

Amérique du Sud

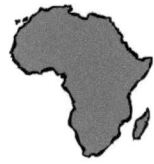

Աֆրիկա

Afrique

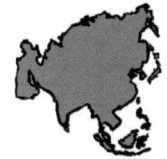

Ասիա

Asie

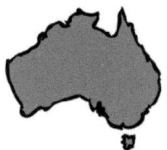

Ավստրալիա

Australie

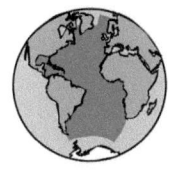

Ատլանտյան օվկիանոս

Océan atlantique

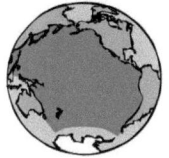

Խաղաղ օվկիանոս

Océan pacifique

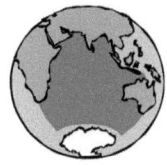

Հնդկական օվկիանոս

Océan indien

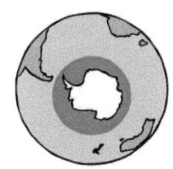

Հարավային Սառուցյալ օվկիանոս

Océan antarctique

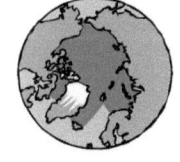

Հյուսիսային Սառուցյալ օվկիանոս

Océan arctique

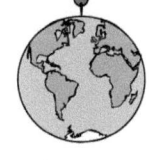

հյուսիսային բևեռ

pôle nord

հարավային բևեռ
....
pôle sud

Անտարկտիդա
....
Antarctique

երկիր
....
terre

ցամաք
....
pays

ծով
....
mer

կղզի
....
île

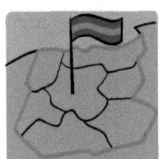

ազգ
....
nation

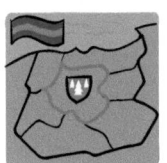

պետական
....
état

ժամացույց
...heure(s)

թվատախտակ

cadran

ժամի սլաք

aiguille des heures

րոպեի սլաք

aiguille des minutes

վայրկյանի սլաք

aiguille des secondes

Ժամը քանիսն է?

Quelle heure est-il ?

օր

jour

այսպիսով

temps

այժմ

maintenant

թվային ժամացույց

montre digitale

րոպե

minute

ժամ

heure

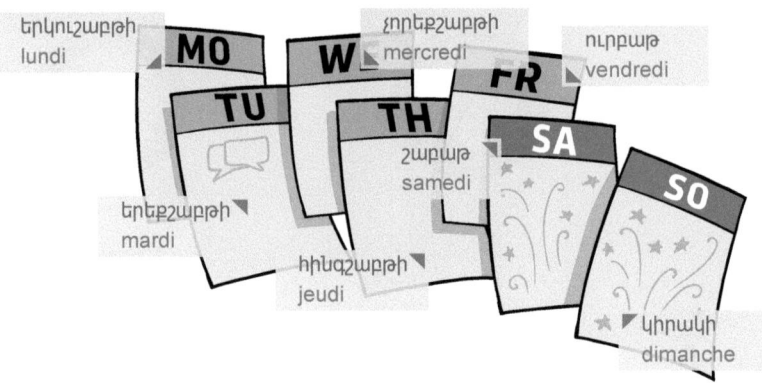

շաբաթ
semaine

երկուշաբթի
lundi
TU
TH
SA
SO
չորեքշաբթի
mercredi
ուրբաթ
vendredi
samedi
երեքշաբթի
mardi
հինգշաբթի
jeudi
կիրակի
dimanche

այսօր

hier

այսօր

aujourd'hui

վաղը

demain

առավոտ

matin

կեսօր

midi

երեկո

soir

աշխատանքային օրեր

jours ouvrables

շաբաթվա վերջ

week-end

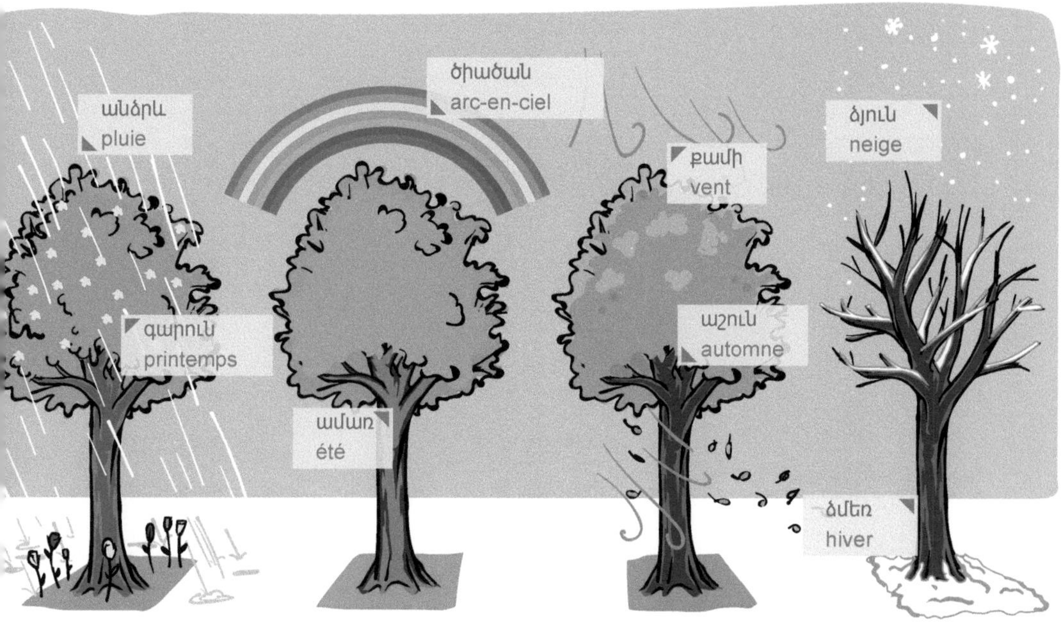

անձրև
pluie

ծիածան
arc-en-ciel

ձյուն
neige

քամի
vent

գարուն
printemps

աշուն
automne

ամառ
été

ձմեռ
hiver

4.APRIL	11°	☀
5.APRIL	4°	⛅
6.APRIL	13°	🌧
7.APRIL	8°	❄
8.APRIL	10°	☀

եղանակի տեսություն
météo

ջերմաչափ
thermomètre

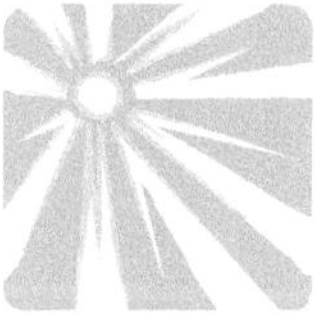

արևի լույս
lumière du soleil

ամպ
nuage

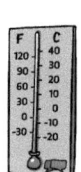

մառախուղ
brouillard

խոնավություն
humidité

կայծակ

foudre

որոտ

tonnerre

փոթորիկ

tempête

կարկուտ

grêle

մուսոն

mousson

ջրհեղեղ

inondation

սառույց

glace

հունվար

janvier

փետրվար

février

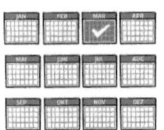

մարտ

mars

ապրիլ

avril

մայիս

mai

հունիս

juin

հուլիս

juillet

օգոստոս

août

տարի - année

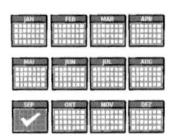

սեպտեմբեր
septembre

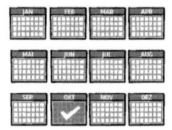

հոկտեմբեր
octobre

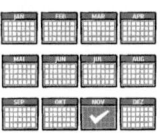

նոյեմբեր
novembre

դեկտեմբեր
décembre

ձեւավորում
formes

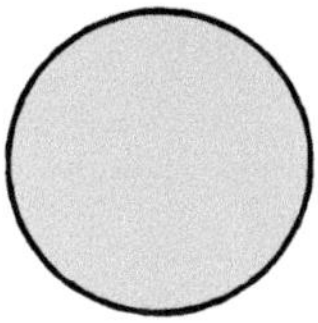

շրջան
cercle

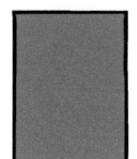

քառակուսի
carré

ուղղանկյունի
rectangle

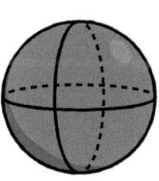

եռանկյունի
triangle

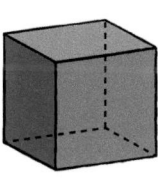

ասպարեզ
sphère

խորանարդ
cube

գույներ

couleurs

վարդագույն

blanc

մոխրագույն

jaune

դեղին

orange

մանուշակագույն

rose

կարմիր

rouge

շագանակագույն

violet

կապույտ

bleu

սև

vert

նարնջագույն

marron

սպիտակ

gris

կանաչ

noir

հակադիրներ
oppositions

շատ / քիչ

beaucoup / peu

բարկացած / հանգիստ

fâché / calme

գեղեցիկ / տգեղ

joli / laid

սկսած / վերջը

début / fin

մեծ / փոքր

grand / petit

պայծառ / մութ

clair / obscure

եղբայրը / քույրը

frère / soeur

մաքուր / կեղտոտ

propre / sale

ամբողջական / թերի

complet / incomplet

օր / գիշեր

jour / nuit

մեռած / կենդանի

mort / vivant

լայն / նեղ

large / étroit

ուտելի / անուտելի

comestible / incomestible

չար / բարի

méchant / gentil

հուզված / ձանձրացրել

excité / ennuyé

հաստ / բարակ

gros / mince

առաջին / վերջին

premier / dernier

ընկերը / թշնամին

ami / ennemi

լիքը / դատարկ

plein / vide

կոշտ / փափուկ

dur / souple

ծանր / թեթև

lourd / léger

քաղց / ծարավ

faim / soif

հիվանդ / առողջ

malade / sain

անօրինական է / իրավաբանական

illégal / légal

խելացի / հիմարություն

intelligent / stupide

ձախ / աջ

gauche / droite

մոտիկ / հեռու

proche / loin

Նոր / օգտագործվում

nouveau / usé

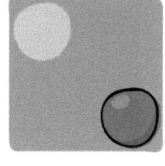

ոչինչ / ինչ - որ բան

rien / quelque chose

ծեր / երիտասարդ

vieux / jeune

միացում անջատում

marche / arrêt

բաց / փակ

ouvert / fermé

ցածր / բարձր

faible / fort

հարուստ / աղքատ

riche / pauvre

ճիշտ / սխալ

correct / incorrect

անհարթ / հարթ

rugueux / lisse

տխուր / ուրախ

triste / heureux

կարճ / երկար

court / long

դանդաղ / արագ

lent / rapide

թաց / չոր

mouillé / sec

տաք / թույն

chaud / froid

պատերազմ / խաղաղությունը

guerre / paix

թվեր
nombres

0	1	2
զրո	մեկ	երկու
zéro	un / une	deux
3	4	5
երեք	չորս	հինգ
trois	quatre	cinq
6	7	8
վեց	յոթ	ութ
six	sept	huit
9	10	11
ինը	տաս	տասնմեկ
neuf	dix	onze

12

տասներկու

douze

13

տասներեք

treize

14

տասնչորս

quatorze

15

տասնհինգ

quinze

16

տասնվեց

seize

17

տասնյոթ

dix-sept

18

տասնութ

dix-huit

19

տասնինը

dix-neuf

20

քսան

vingt

100

հարյուր

cent

1.000

հազար

mille

1.000.000

միլիոն

million

լեզուներ
langues

անգլերեն

anglais

ամերիկյան անգլերեն

anglais américain

չինարեն մանդարին

chinois mandarin

հինդի

hindi

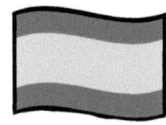

իսպաներեն

espagnol

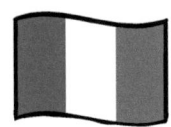

ֆրանսերեն

français

արաբերեն

arabe

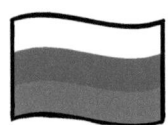

ռուսերեն

russe

պորտուգալերեն

portugais

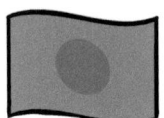

բենգալերեն

bengali

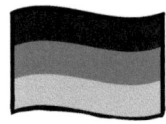

գերմաներեն

allemand

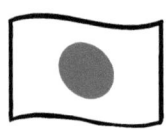

ճապոներեն

japonais

Ով է /, թե ինչ է /, ինչպես

qui / quoi / comment

ես

je

դուք

tu

Նա / նա /, որ դա

il / elle / ce, c', cela

մենք

nous

դուք

vous

նրանք

ils / elles

Ով է?

Qui ?

ինչ?

Quoi ?

ինչպես?

Comment ?

որտեղ.

Où ?

երբ?

Quand ?

անուն

nom

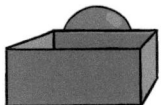

որտեղ
où

ետևում

derrière

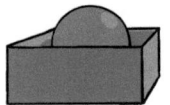

մեջ

dans

դիմաց

devant

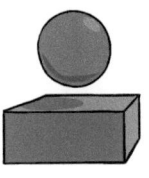

վրա

au-dessus

վրա

sur

տակ

en-dessous

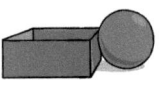

կողքին

à côté de

միջեւ

entre

տեղ

lieu